BEI GRIN MACHT SICH IHR WISSEN BEZAHLT

AF144576

- Wir veröffentlichen Ihre Hausarbeit,
  Bachelor- und Masterarbeit

- Ihr eigenes eBook und Buch -
  weltweit in allen wichtigen Shops

- Verdienen Sie an jedem Verkauf

Jetzt bei www.GRIN.com hochladen
und kostenlos publizieren

Paul Friedemann Knizewski

Aeneas - Ein tugendhafter Held?

GRIN Verlag

Bibliografische Information der Deutschen Nationalbibliothek:

Die Deutsche Bibliothek verzeichnet diese Publikation in der Deutschen National-bibliografie; detaillierte bibliografische Daten sind im Internet über http://dnb.d-nb.de/ abrufbar.

Impressum:

Copyright © 2011 GRIN Verlag, Open Publishing GmbH
Druck und Bindung: Books on Demand GmbH, Norderstedt Germany
ISBN: 978-3-656-14811-1

Dieses Buch bei GRIN:

http://www.grin.com/de/e-book/171561/aeneas-ein-tugendhafter-held

GRIN - Your knowledge has value

Der GRIN Verlag publiziert seit 1998 wissenschaftliche Arbeiten von Studenten, Hochschullehrern und anderen Akademikern als eBook und gedrucktes Buch. Die Verlagswebsite www.grin.com ist die ideale Plattform zur Veröffentlichung von Hausarbeiten, Abschlussarbeiten, wissenschaftlichen Aufsätzen, Dissertationen und Fachbüchern.

Besuchen Sie uns im Internet:

http://www.grin.com/

http://www.facebook.com/grincom

http://www.twitter.com/grin_com

Söderblom-Gymnasium

Espelkamp

Jahrgangstufe 12

Schuljahr 2010/2011

FACHARBEIT

im Grundkurs Latein

Aeneas - Ein tugendhafter Held ?

Verfasser: Paul F. Knizewski

Bearbeitungszeit: 6 Wochen

Abgabetermin: 18.03.11

Inhaltsverzeichnis

1 Einleitung

Die Aeneis von Vergil. Eines der wohl wichtigsten Werke in der Literaturgeschichte. Sie ist das Hauptwerk des Vergil. Die Aeneis ist ein Epos, d.h. ein Text in strenger Versform. Das bedeutet in diesem Fall, es wird ein Hexameter eingesetzt, ein klassisches Versmaß der epischen Dichtung, welches sich durch seine 6 Versfüße auszeichnet. So ist die Aeneis ein sprachlich durchaus anspruchsvolles Werk. Vergil hat ein Werk geschaffen, welches auch heute, nach 2000 Jahren, nichts an seiner Faszination verloren hat.

Wie für ein Epos üblich, sind die Hauptfiguren in diesem Epos ein Held und die Götter, die das Wirken des Helden beeinflussen.[1] Neben dem mythologischen Teil spielt aber auch der geschichtliche Hintergrund eine wichtige Rolle. Die Hauptperson bzw. der Held des Epos ist nämlich Aeneas, ein zur damaligen Zeit sehr bekannter Mann, welcher der Geschichte nach als erster Mann an die Küste Laviniums kam und später an der Gründung Roms beteiligt war.[2] Aeneas soll auch das Thema dieser Arbeit sein, ist er doch eine sehr interessante Persönlichkeit. So macht er im Laufe des Epos einiges mit, so wird er von den Göttern verfolgt, erlebt eine eher Unglückliche Liebschaft mit der Königin Dido und landet am Ende in der Unterwelt. Als Held steht er also sehr stark im Mittelpunkt des Geschehens, was in diesem Fall die wahre Leistung des Vergil ausmacht. So hatte er mit Aeneas keine Figur erfunden, sondern hatte die Aufgabe aus der historischen, gleichzeitig aber auch sagenumwobenen mystischen Figur des Aeneas einen interessanten und überzeugenden Helden zu erschaffen.[3]

Bei der Erschaffung des Aeneas spielten dabei aber auch die vielen verschiedenen Versionen der Aeneas Sage eine Rolle, so entschied sich Vergil in seiner Aeneis für die „Version", in welcher Aeneas als Trojaner treu war und nicht, wie in einer anderen Sage überliefert, Troja verriet und so von den Griechen freien Abzug erhielt, weil er ihnen die Tore geöffnet hatte.[4] Dies macht noch einmal deutlich, was für einen großen Aufwand Vergil gehabt haben muss bei seinen Recherchen für sein „größtes Epos". In meiner Arbeit möchte ich nun untersuchen, ob Vergils Figur des Aeneas trotz vieler Irrfahrten, Problemen mit Göttern und in der Liebe immer noch ein antikisch-tugendhafter Held war oder ob er gänzlich „untugendhaft" war. Dabei werde ich mich zum großen Teil auf sein

---

[1] Vgl. Müller, Hans F., Dr. (Hrsg.): Das moderne Lexikon. In zwanzig Bänden, Bd. 5, Gütersloh, 1971
[2] Vgl. Suerbaum, Werner: Vergils Aeneis. Epos zwischen Geschichte und Gegenwart, Stuttgart, 1999, S. 18
[3] Vgl. a.a.O, S. 201f
[4] Vgl. ebd.

Verhalten im vierten Buch der Aeneis beziehen, in welchem seine Liebesgeschichte mit der Königen Dido stattfindet.

Das Thema dieser Arbeit liegt dem Lateinunterricht zugrunde, in welchem wir uns im ersten Halbjahr 2010/2011 intensiv mit dem Anfang der Aeneis, dem Proömium und dem vierten Buch der Aeneis befasst haben. Neben der reinen Übersetzung des Textes haben wir uns aber auch mit dem mythologischen Hintergrund und den Figuren der Aeneis befasst. In einem halben Jahr ist es allerdings nicht möglich, den gesamten Text der Aeneis wirklich zu erfassen, das Meisterwerk des Vergil ist dafür zu komplex und vielschichtig, der Unterricht wie auch diese Arbeit können nur an der Oberfläche kratzen.

2 Der Begriff „Tugend" in der römischen Philosophie

2.1 Römische Tugend und Moral zur Zeit Vergils

2.1.1 Kurze Einführung
Ein jedes Werk der Literaturgeschichte, so auch ein Epos wie die Aeneis, ist immer ein Kind ihrer Zeit. Das bedeutet im Klartext, dass ein Autor, teilweise bewusst, teilweise unbewusst, immer die Werte und Gepflogenheiten seiner Epoche in den Text einfließen lässt. So lohnt es sich aus diesem Grund, einmal zu schauen, was für eine Bedeutung Tugend und Moral zur Zeit des Vergillius hatten. Der Begriff der Tugend hat sich, wie so vieles in der Geschichte der Menschheit, laufend verändert. Seine heutige Bedeutung ist eine andere als sie es noch vor 2000 Jahren zur Zeit Vergils war. Eine wichtige Prägung des Begriffs kam hierbei von Marcus Tullius Cicero, einem Zeitgenossen Vergils. In seinem Text „De Officiis" schreibt er im 1. Buch

> *Nulla enim vitae pars neque publicis neque privati neque forensibus neque domesticis in rebus, neque si tecum agas quid, neque si cum altero contrahas, vacare officio potest in eoque et colendo sita vitae est honestas omnis et neglegendo turpitudo.*[5]

Dieser Text beschreibt sehr gut, was für eine Bedeutung die Tugend hatte. Cicero spricht hier davon, dass das sittliche Leben etwas ist, was man nicht einfach so ablegen kann. Pflichten sind etwas wichtiges, schreibt er doch am Ende, dass eine Vernachlässigung der Pflichten ein „lasterhafter Lebenswandel" ist. Solch ein Lebenswandel war in der

---

[5] http://www.thelatinlibrary.com/cicero/off1.shtml#1

damaligen Zeit alles andere als gut angesehen. Welche Begriffe hierbei eine Rolle spielten, wird in diesem Kapitel weiter erläutert.

2.1.2 Virtus als Grundbegriff und die Constantia

Das lateinische Wort für Tugend im Allgemeinen ist „virtus", welches sich vom Wort „vir" ableitet, was Mann bedeutet. Man kann also annehmen, dass die Tugend mit männlichen Eigenschaften verbunden ist.[6] Eine nicht allzu verwunderliche Tatsache, sind wir doch in einer Zeit, die von Männern dominiert wird. Eine weibliche Führungsperson gab es damals nicht und so ist es auch nicht verwunderlich, dass der Begriff der Tugend stark männlich geprägt ist. Aber was bedeutet dieser Begriff „virtus" denn eigentlich?

Im Grunde erst einmal „Mann sein". Wichtig ist hierbei natürlich die Tapferkeit, welche in einer kriegerischen Zivilisation wie der der Römer eine große Bedeutung hat. Aber bei der Tugend spielen auch andere Faktoren eine Rolle. So wäre hier zum Beispiel die Politik zu nennen. Befinden wir uns doch mit Vergil in der Zeit des Umbruches, nämlich dem Ende der römischen Republik und dem Anfang der Kaiserzeit mit Augustus als erstem Kaiser, welcher Vergil und seine Aeneis stark geprägt hat.[7] Mit dem Begriff „virtus" ist die Politik damit verbunden, dass es zur römischen Tapferkeit dazu gehörte, sich nicht nur im Gefecht sondern auch in innenpolitischen Kämpfen wahren zu können,[8] eine nicht unwichtige Eigenschaft in solch einer Zeit.

Ein wichtiger Teil der Tugend der Römer ist aber auch die „constantia", die Beständigkeit. Der Begriff der „constantia" hat anders, als viele andere Begriffe der römischen Tugend, kein gleichwertiges griechisches Wort, also ein wirklich römischer Begriff.[9] Der Ursprung des Wortes ist sowohl in Latein als auch in Deutsch ein ähnlicher. Beides stammt vom Wort „feststehen", im lateinischen „constare" ab. Man kann sich also schon allein vom Wort her etwas unter diesem Begriff vorstellen. Aber die Beständigkeit, die hier gemeint ist, geht noch eine Ebene tiefer. So gibt es einen Unterschied zwischen „standhaft sein" und „Beständigkeit". Hierbei spielt nämlich die zeitliche Komponente eine Rolle. Wirkliche Beständigkeit war im alten Rom, wenn man ein Leben lang an seinen Vorsätzen und Wertevorstellungen festhielt und nicht nach kleineren Hindernissen einknickte. Die wirkliche Beständigkeit ist aber gleichzeitig ein Konzept, welches nur einen guten

---

[6] Vgl. Bollnow, Otto Friedrich: Wesen und Wandel der Tugenden. Frankfurt am Main, 1958, S. 13
[7] Vgl. Suerbaum, Werner: Vergils Aeneis. Epos zwischen Geschichte und Gegenwart, Stuttgart, 1999, S. 372f
[8] Vgl. Heinze, Richard: Vom Geist des Römertums. Ausgewählte Aufsätze, Stuttgart, 1960, S. 83
[9] Vgl. ebd.

Hintergedanken hat, eine schlechte Beständigkeit gibt es nach römischer Vorstellung eigentlich nicht.[10] So ist dieser Begriff eines der vielen Beispiele, wie sich ein Begriff im Laufe der Zeit verändern kann. Heutzutage gibt es natürlich durchaus eine negative Beständigkeit.

2.1.3 Der Begriff der „fides"

Ein weiterer, sehr interessanter Begriff, ist der Begriff der „fides". Auch hier lohnt es sich, die Bedeutung zu beobachten. Einigermaßen bekannt ist der Begriff nämlich durch die Bibel. Glaube, Hoffnung, Liebe (fides, spes, caritas), drei Begriffe, die jedem aus dem Hohelied der Liebe bekannt vorkommen.

Die Bedeutung zur Zeit Vergils war allerdings eine andere, die Grundbedeutung des Wortes fides. Diese hatte nur indirekt etwas mit dem Glauben an einen Gott zu tun. Vielmehr war damit der Glaube an den Menschen gemeint, heute würde man dafür Begriffe wie Zuverlässigkeit oder Glaubwürdigkeit verwenden.[11] Der Begriff ist insgesamt schwer zu fassen, hat er doch durch Cicero einige verschiedene Bedeutungen erfahren.[12] Wichtig im Zusammenhang mit Tugend und Moral die Beziehung auf die Glaubwürdigkeit einer Person, wieder aber ein Begriff, den man unbedingt als positive Eigenschaft sehen sollte, ein Vertrauen in eine gute Sache, das Gute in einem Menschen.[13] Das ist ein sehr wichtiger Punkt bei der Tugend der Römer.

Das Wörterbuch nennt als Übersetzung auch noch Gewissenhaftigkeit, ein durchaus passender und wichtiger Begriff, ist das Gewissen doch sehr wichtig, wenn es um die Einstellung und Moral eines Menschen geht.

2.1.4 Das Verhältnis zwischen Tugend und Religion

Gerade im Zusammenhang mit Vergil und der Aeneis sollte man bei der Betrachtung von Tugend und Moral die Religion, genauer die Götter nicht unbeachtet lassen, wird doch Aeneas im Laufe des Epos massiv von ihnen beeinflusst und verlässt am Ende sogar seine Geliebte Dido um im Auftrag des Gottes Merkurs, der ihn daran erinnert, dass er eine Mission hat, Rom zu gründen.

Religion hatte einen großen Einfluss auf das Denken jener Zeit. Der Oberbegriff dafür wäre die Pietas. Eine einfache Übersetzung mit dem Wort „Glaube" wäre auch in diesem

---

[10] Vgl. Bollnow, Otto Friedrich: Wesen und Wandel der Tugenden. Frankfurt am Main, 1958, S. 157f
[11] Vgl. Heinze, Richard: Vom Geist des Römertums. Ausgewählte Aufsätze, Stuttgart, 1960, S. 59
[12] Vgl. a.a.O. S. 60f
[13] Vgl. a.a.O. S. 61

Fall eher unpassend. So meinte der Begriff wieder einmal mehr, spielen auch hier zwei Komponenten in den Begriff mit ein, zum einen die Pflichten den Göttern gegenüber, zum anderen aber auch die Pflichten gegenüber den eigenen Eltern. Beide haben eine wichtige Bedeutung, beide Pflichten sind gut und gewissenhaft zu erfüllen[14], man ziehe hierbei einen Vergleich zu Cicero, welcher auch davon spricht, dass die Pflicht jemanden immer „verfolgt."

2.1.5 Die „bona mens" als Grundvorrausetzung

Ein durchaus nicht zu verachtender Begriff ist, nach Fides und Constantia, der Begriff der „bona mens". Zu Grunde liegt diesem Begriff erst einmal ganz einfach der Begriff von einer gesunden Geistesverfassung inne, also jemand der „normal" Denken und Handeln kann.[15] Eine möglicher Oberbegriff wäre hierbei auch der Verstand und seine Funktion bzw. seine Leistung. Ein Mensch mit einer Bona Mens, ein Mensch mit Verstand ist also auch in der Lage seine Probleme auf intelligente Art und Weise zu lösen und kann dabei also zum Beispiel auf den Einsatz von Gewalt verzichten.[16] Dieser Begriff ist durchaus nicht unwichtig wenn man über Tugend spricht, beinhaltet er doch in gewissermaßen auch Teile der anderen Tugenden, ein guter Verstand „steuert" quasi das Verhalten des Einzelnen und nimmt so Einfluss auf seine Tugendhaftigkeit. Er dient dazu, das Leben Tugendhaft zu meistern und dabei intelligente Entscheidungen zu treffen,[17] zum Wohle seiner selbst, aber auch zum Wohle anderer.

2.1.6 Rückbeziehung auf Cicero

Kommen wir am Ende dieses Teil also noch einmal auf Cicero zurück. Er hat doch ziemlich gut in seinem Text getroffen, was die Tugend doch für ein Begriff ist. Unbestreitbar ist der Begriff eines, nämlich schwer fassbar. Sehr viele Seiten eines Menschen spielen bei dem Begriff eine Rolle, es gibt viele Variablen die auf die Tugendhaftigkeit einwirken.

Aber Cicero gelingt es, in seinem Text eines klar zu machen: Moral, Tugend, sittliches Verhalten sind alles Dinge, die sich nicht auf einen Bereich des Lebens beschränken. Ein wahrlich guter und tugendhafter Mensch lebt nicht nur öffentlich ein sittliches Leben, auch privat ist er nicht frei von seinen Pflichten. Pflichten, welche er nicht nur sich selbst

---

[14] Vgl. a.a.O. S. 84
[15] Vgl. ebd.
[16] Vgl. Bollnow, Otto Friedrich: Wesen und Wandel der Tugenden. Frankfurt am Main, 1958, S. 110
[17] Vgl. ebd.

gegenüber hat, sondern auch seiner Umgebung und dem römischen Staat gegenüber. In der antiken Zeit waren größere, unsittliche Verhaltensweisen, anders als heute, auch ein Affront gegen den Staat[18], ob nun der Staat direkt angegriffen wurde oder nicht. Nur wer in allen Lebensbereichen gewisse Maßstäbe einhält, darf sich als wahrhaft tugendhaft bezeichnen.

3 Aeneas und die Tugend

3.1 Einfluss der Tugenden im Leben des Aeneas

3.1.1 Tugend in der Aeneis

Nun haben wir also den Tugendbegriff, wie er zur Zeit des Vergil geläufig war, geklärt. Wie bereits erwähnt, ist die Aeneis ein Epos und spiegelt so seinen Autor auch wieder und damit also auch seine Auffassung der Tugend. So sind wir nun in der Lage, uns einmal die Figur des Aeneas in Bezug auf die Tugend genauer anzuschauen. Eine generelle Anmerkung sei hierbei, dass die Figur des Aeneas sich auf verschiedene Weise charakterisieren lässt. So wird sie nicht nur durch Vergil selber als Erzähler, sondern auch durch anderen in Reden oder auch durch Reden von Aeneas selbst charakterisiert.[19]
In weiteren Verlauf meiner Arbeit möchte ich die Tugendhaftigkeit des Aeneas an drei Beispielen untersuchen, dabei werde ich mich größtenteils am im Unterricht behandelten vierten Buch der Aeneis orientieren.

3.1.2 Aeneas und die Constantia

Schauen wir uns als erstes die Tugend der Constantia an. Wie bereits erläutert, bedeutet der Begriff so etwas wie „Beständigkeit", wichtig im tugendhaften Leben. So gibt es auch eine Beständigkeit im Liebesleben. Genau diese wird aber in der Aeneis in gewisser Weise gebrochen. Dazu muss man wissen, dass das folgende Zitat kurz nach dem wirklichen Anfang der Beziehung zu Dido und nach der Aufforderung des Merkur an Aeneas zur Gründung des römischen Reiches stattfindet. Der folgende Auszug stammt aus dem vierten Buch der Aneis, zitiert werden die Verse 281 - 286, kurz nach der Rede und zeigt Aeneas Reaktion auf die gesprochenen Worte.

---

[18] Vgl. a.a.O. S. 86
[19] Vgl. Suerbaum, Werner: Vergils Aeneis. Epos zwischen Geschichte und Gegenwart, Stuttgart, 1999, S. 206

"Ardet abire fuga dulcisque relinquere terras,
attonitus tanto monitu imperioque deorum.
heu quid agat? quo nunc reginam ambire furentem
audeat adfatu? quae prima exordia sumat?
atque animum nunc huc celerem nunc dividit illuc
in partisque rapit varias perque omnia versat."

Aeneas macht sich also nach der ziemlich deutlichen Rede des Merkur doch sehr viele Gedanken über sein Verhalten in der Zukunft. Soll er Dido verlassen und seine Aufgabe erfüllen? Soll er bei ihr bleiben und dabei seinen Gott hintergehen? Der Umgang mit der Constantia ist hier, wie schon so oft, eine durchaus von zwei Seiten anzusehende Angelegenheit.

Auf der einen Seite wäre hier die Treue in der Liebe zu nennen. Aeneas und Dido sind noch nicht lange ein Paar. Nun wird die Beziehung abrupt auf die Probe gestellt. *"Quo nunc reginam ambire furentem audeat adfatu",* wie soll er also nun vor die Königin treten und wie wird sie reagieren?

Eigentlich macht genau dieser Satz eigentlich sehr deutlich, dass seine Entscheidung eigentlich schon feststeht. Geht er hier schon von ihrem Zorn aus, heißt das doch, dass er plant seine Mission auszuführen und nach Italien aufzubrechen. Hier wären wir auch gleichzeitig bei der zweiten Seite der Constantia an gelangt, der Treue zu seiner „Mission", wurde er doch von Merkur deutlich darauf hingewiesen und sogar als „Knecht eines Weibes" bezeichnet.[20] Aeneas wiegt alles sehr sorgfältig ab. Am Ende entscheidet er sich dann aber doch dazu, Dido zu verlassen.

Die Frage, die sich stellt ist also nun, lebt er nach der Constantia oder nicht? Hierbei spielt die Gewichtung eine Rolle, die Gewichtung zwischen Pflicht den Göttern gegenüber oder seinen Pflichten als Gefährte Didos. Wer hat hier Vorrang? Dido hat er erst vor vergleichsweiser kurzer Zeit kennengelernt. Merkur hingegen spricht in seiner Rede: *„si te nulla movet tantarum gloria rerum"*[21] Merkur lockt hier also mit Ruhm und Ehre und macht klar, das Aeneas die Plicht hat, seiner Berufung zu folgen, eine Berufung, die schon sein Leben lang feststeht und die von den Göttern kommt. So ist sein Verhalten genau genommen also gar nicht so untugendhaft wie es auf den ersten Blick scheint. Er ist standhaft in Bezug auf seine Mission, wenn auch erst nach einer Erinnerung durch Merkur. Hier wird wieder deutlich, wie vielschichtig der Text eigentlich ist, spielen doch wieder verschiedene Tugenden mit in diesen Fall ein.

---

[20] Vgl. Aeneis V. 265f
[21] Siehe Aeneis Buch IV, V.272

9

3.1.3 Aeneas und die Götter

So schauen wir uns nun einmal sein Verhalten in Bezug auf Pietas an, in diesem Fall mit der Übersetzung des Pflichtgefühls, das Pflichtgefühl gegenüber seiner Mission, mit seiner Mission steht und fällt der Begriff der Pietas in diesem Fall.[22] Aeneas nimmt, wie bereits erwähnt einiges dafür in Kauf und Bekräftigt seine Unschuld auch mit der Pflicht, seine Mission zu erfüllen. Schauen wir uns hierzu ein weiteres Zitat an. Zitiert werden die Verse 356 - 361.

> *"Nunc etiam interpres divum Iove missus ab ipso*
> *- testor utrumque caput - celeris mandata per auras*
> *detulit: ipse deum manifesto in lumine vidi*
> *intrantem muros vocemque his auribus hausi.*
> *desine meque tuis incendere teque querelis;*
> *Italiam non sponte sequor."*

Man könnte den Eindruck gewinnen, Aeneas versucht sich aus allem herauszureden. „*Italiam non sponte sequor.*", er zieht nicht freiwillig ins Land der Italier, will nicht freiwillig seine Mission auf sich nehmen. Hat er aber nicht gerade mit seiner Entscheidung, Dido zu verlassen bewiesen, dass ihm seine Mission wichtig ist? Vielleicht lohnt es sich hier, noch einmal zu Cicero zurückzukommen. Hat er doch davon gesprochen, wie einen die Pflicht das ganze Leben verfolgt, hier haben wir dafür ein sehr gutes Beispiel gefunden. Seine Pflicht, sein Bestimmung zu höherem, seine Bestimmung Rom zu gründen, kann er nicht einfach ablegen. Dessen ist sich Aeneas wohl bewusst, zeigen dies doch seine Handlungen. Seine Pietas ist in diesem Fall wirklich sein Pflichtgefühl und für die Erfüllung seiner Pflicht nimmt er einiges in Kauf.[23] Dafür ist er auch bereit, seelischen Schmerz in Kauf zu nehmen. Das folgende Zitat ist so eigentlich schon fast selbsterklärend, zitiert werden die Verse 393 – 396.

> *"At pius Aeneas, quamquam lenire dolentem*
> *solando cupit et dictis avertere curas,*
> *multa gemens magnoque animum labefactus amore*
> *iussa tamen divum exsequitur classemque revisit."*

Hier wird doch sehr deutlich, wie Aeneas fühlt. Hier wird er aber auch als „pius Aenas" bezeichnet. Eine sehr ausdrucksstarke Stelle über Aeneas und seine Tugend und auch ein gutes Beispiel, wie Vergil selbst den Begriff einbringt. Aeneas Lebensziel ist seine Mission, er liebt Dido, ist aber auch bereit den Schmerz zu akzeptieren und nach Italien

---

[22] Vgl. Suerbaum, Werner: Vergils Aeneis. Epos zwischen Geschichte und Gegenwart, Stuttgart, 1999, S. 209
[23] Vgl. ebd.

aufzubrechen. Eine schwerwiegende Entscheidung, welche später auch zu Didos tot führen wird. Er sieht seine Mission im Vordergrund, ist also sehr tugendhaft, Dido kann das nicht akzeptieren. Für sie ist es nach all dem Schmerz in ihrem Leben nicht möglich zu akzeptieren, dass Aeneas eine wichtige Mission hat, wichtiger als sie.

3.1.4 Aeneas und die Bona Mens

Schauen wir uns als letztes noch die Bona Mens an, welche ja als Grundvorrausetzung für ein tugendhaftes Verhalten gilt. Machen wir uns hierbei noch einmal Gedanken über das generelle Verhalten des Aeneas in Vergils Werk. Aus diesem Grund sollte man hierbei unbedingt beachten, das Aeneas es in seiner Rolle nicht einfach hat. Steht er doch als Held des Epos zwischen zwei Städten, nämlich Troja und Rom. Seine Rolle ist nicht gerade einfach. Ein Fakt, den man nicht unerwähnt lassen sollte, bei der Betrachtung seines Geistes.[24]

Letztendlich lässt sich festhalten, dass Aeneas bei allem was er tut ein sehr soziales Handeln an den Tag legt. Auch wenn er manche seiner Entscheidungen später bereut, zum Beispiel Dido zu verlassen. Hier spielt natürlich auch wieder die Constantia mit hinein, diese ist aber bei Aeneas nur so stark ausgeprägt, weil er auch eine Bona mens hat, den guten Geist, der ihn sozial handeln lässt, in diesem Fall also ist seine Mission wichtig.[25] Die Bona Mens ist so also eine Tugend, die übergreifend funktioniert, eine Tugend, welche ohne die anderen nicht funktionieren würde, und die anderen Tugenden nicht ohne sie.

Ein Stück weit ist die Bona Mens aber auch eine Tugend, die man selber nur sehr schwer kontrollieren kann. Aeneas beweist, dass er das Potential besitzt, ein Potential, welches er auch nutzt. Seine menschlichen Schwächen überwiegen nicht. Er hat sie, die Bona Mens.

4 Resultat und Folgerung

4.1 Die Beantwortung der Frage „Aeneas - ein tugendhafter Held?"

4.1.1 Aeneas zur Zeit Vergils

Zum Ende meiner Arbeit möchte ich dann also auf die Fragestellung der Arbeit zurückkommen. Ist Aeneas also ein tugendhafter Held oder nicht?

Bisher sprechen die Resultate eigentlich dafür. Aeneas, ein Mann in einer schwierigen Situation, der allerdings seine gottgegebene Verpflichtung nach Italien zu reisen und Rom

---

[24] Vgl. a.a.O S. 138f
[25] Vgl. a.a.O S. 342f

zu Gründen voll und ganz wahrnimmt und dafür sogar bereit ist, auf seine große Liebe Dido zu verzichten, sie alleine zurückzulassen. Eigentlich ist die Frage ja so beantwortet, Aeneas war trotz leichter Schwächen -siehe die Erinnerung Merkurs an seine Mission- ein durch und durch tugendhafter Held. Allerdings sollte man hierbei einen Faktor nicht vergessen, zu welcher Zeit und vor allem unter wem Vergil seine Aeneis verfasst hat.

Wie am Anfang des Kapitels zur Klärung des Tugendbegriffs schon erwähnt, ist die Aeneas ein Kind ihrer Zeit. Zu Vergils Zeit war Augustus der Kaiser des römischen Reiches. Der römische Dichter Donatus weißt in einem seiner Texte daraufhin, dass die Aeneis auf der einen Seite ein Lobpreis an Aeneas sei, man erinnere sich, es gab verschiedene Versionen der Aeneas-Sage, aus denen Vergil sorgfältig auswählte, auf der anderen Seite aber, sei die Aeneis auch ein Lobpreis an Augustus.[26] So wird also Aeneas im gesamten Werk als sehr positive Figur dargestellt, hat ja auch diese Facharbeit gezeigt, dass Aeneas ein sehr positive und tugendhafter Mann ist. Vergil hat es also versucht und meiner Meinung nach auch geschafft, in seinem Werk einen Aeneas zu erschaffen, der den hohen Ansprüchen seiner Zeit gerecht geworden ist. Die Aeneis ist also ein Werk, dass auch sehr hohen Ansprüchen gerecht wird und wahrscheinlich aus diesem Grund auch nach 2000 Jahren immer noch von vielen Menschen gelesen wird, sei es auf Deutsch oder Latein oder in einer anderen Sprache.

Die Arbeit sollte aber auch gezeigt haben, dass der Begriff der Tugend sich im Laufe der Zeit auch entwickelt hat. Positiv besetzt blieb der Begriff noch bis in die Zeit der Klassik hinein, auch bis dahin war ein tugendhafter Mensch jemand gutes, ein Vorbild für andere. Dann aber kam eine Art Wende. Nach und nach, im 19. und 20. Jahrhundert bekam das Wort eine eher negativ belegte Bedeutung, ein Wandel also in die komplett entgegengesetzte Richtung.[27] Immer mehr Menschen wollten in ihrem Dasein als tugendhaft bezeichnet werden, stand hinter diesem Begriff doch auch ein gewisser Druck zum perfekten Dasein, etwas was sich im Laufe der Jahre verändert hatte. Überhaupt hatte sich das Wesen der Menschen geändert. Tugenden, die früher noch wichtig für die Menschen waren, gerieten in Vergessenheit. Andere Begriffe blieben erhalten, veränderten allerdings teilweise sehr stark ihre Bedeutung.[28]

Doch trotz all dieser Umstände ist und bleibt die Aeneis ein Werk, dass jeder, der sich mit Philosophie und dem Menschen an sich auseinander setzen möchte, dass durchaus

---

[26] A.a.O S.202f

[27] Vgl. Müller, Hans F., Dr (Hrsg.): Das moderne Lexikon. In zwanzig Bänden, Bd. 19, Gütersloh, 1971, S.58

[28] Vgl. Bollnow, Otto Friedrich: Wesen und Wandel der Tugenden. Frankfurt am Main, 1958, S. 13

lesenswert und wichtig ist.

Literaturverzeichnis

I. Nachschlagewerke

Müller, Hans F., Dr. (Hrsg.): Das moderne Lexikon. In zwanzig Bänden, Bd. 5, Gütersloh, 1971

II. Fachbücher

Suerbaum, Werner: Vergils Aeneis. Epos zwischen Geschichte und Gegenwart, Stuttgart, 1999

Bollnow, Otto Friedrich: Wesen und Wandel der Tugenden. Frankfurt am Main, 1958

Heinze, Richard: Vom Geist des Römertums. Ausgewählte Aufsätze, Stuttgart, 1960

III. Internetquellen

Cicero: de Officiis I: http://www.thelatinlibrary.com/cicero/off1.shtml#1
Vergil: Aeneis Buch IV: http://www.gottwein.de/Lat/verg/aen04la.php